Christiane Ranft

Körperkult und Schönheitswahn

GRIN - Verlag für akademische Texte

Der GRIN Verlag mit Sitz in München hat sich seit der Gründung im Jahr 1998 auf die Veröffentlichung akademischer Texte spezialisiert.

Die Verlagswebseite www.grin.com ist für Studenten, Hochschullehrer und andere Akademiker die ideale Plattform, ihre Fachtexte, Studienarbeiten, Abschlussarbeiten oder Dissertationen einem breiten Publikum zu präsentieren.

Christiane Ranft

Körperkult und Schönheitswahn

GRIN Verlag

Bibliografische Information der Deutschen Nationalbibliothek: Die Deutsche Bibliothek verzeichnet diese Publikation in der Deutschen Nationalbibliografie; detaillierte bibliografische Daten sind im Internet über http://dnb.d-nb.de/ abrufbar.

1. Auflage 2008
Copyright © 2008 GRIN Verlag
http://www.grin.com/
Druck und Bindung: Books on Demand GmbH, Norderstedt Germany
ISBN 978-3-640-59376-7

HOCHSCHULE MITTWEIDA–ROSSWEIN (FH)

Fachbereich Soziale Arbeit

Studienbegleitender Leistungsnachweis

in HF 4

Sommersemester 2008

Körperkult und Schönheitswahn

eingereicht von: Ranft, Christiane (6. DS) _____

Abgabe-Datum: 30.09.2008

Inhaltsverzeichnis

0   Einleitung

Die Begriffe „Körperkult" und „Schönheitswahn" beanstanden gegenwärtige Körperpraktiken. Die Kritik richtet sich hierbei mehr an die Konsum- und Mediengesellschaft, weniger aber an diejenigen, die sich solchen Praktiken unterziehen. Diese Wohlstandsgesellschaft, so scheint es fast, bestimmt ästhetische Normen und lässt den eigenen Körper nicht selten als mangelhaft erscheinen. Der Masse wird dabei suggeriert, dass man dieses „Problem" beheben kann (vgl. Belwe 2007, S. 2, Herv. i. Orig.). Denn „(...) Schönheit sei machbar (...)" (ebd. 2007, S. 2). Über die aktive Arbeit oder Manipulation am Körper, so wird es oft genug dargestellt, erhöhen sich die Chancen auf dem Arbeitsmarkt, dem Glück in der Liebe und man erhalte ein höheres Sozialprestige. Doch was wird dabei völlig ausgeblendet? Die gesellschaftlichen Rahmenbedingungen, die einen können es sich durchaus leisten in ihren Körper zu investieren, die anderen aber nicht. Im Dunklen bleiben vor allem auch die Risiken, welche mit der Konzentration allein auf dem Körper einhergehen. In unserer modernen Gemeinschaft hat die Arbeit am Körper, die Investition in diesen, zugenommen. Will man zu einer bestimmten Gruppe in der Gesellschaft gehören (vgl. ebd. 2007, S. 2), „(...) setzt das nicht selten, intensive Arbeit am Körper voraus (...)" (ebd. 2007, S. 2). Die Forscher sprechen von einer „inkorporierten Kompetenz". Bereits jetzt sind in unseren alltäglichen Geschehen viele Möglichkeiten vorhanden den Körper nach unseren Wünschen zu verändern. Das beginnt beim einfachen Make-up, bis hin zu gefährlichen Schönheitsoperationen. Fast scheint es, dass nur der Markt in der modernen Gesellschaft die Maßstäbe setzt. Doch die Gefahr ist groß, dass der Körper zum Objekt wird den man beliebig bearbeiten kann (vgl. ebd. 2007, S. 2, Herv. i. Orig.). Die Bezeichnungen „Schönheitswahn" und „Körperkult" sind keineswegs wertneutral sondern eindeutig negativ konnotiert. Sie werden in gesellschaftskritischer Absicht genutzt, weil damit signalisiert werden soll, wie narzisstisch, selbstsüchtig und oberflächlich doch diese Gesellschaft ist (vgl. Gugutzer 2007, S. 3, Herv. i. Orig.).

1   Die vier Komponenten eines negativen Körperbildes

Der Mensch ist ein sehr komplexes Wesen, welches gewisse Situationen oder auch Gegenstände nicht nur mit einem Sinn oder einer bestimmten Art und Weise wahrnimmt. Die Wahrnehmung geschieht auf so vielfältigen Wegen. Durch die Augen, die Nase, die Ohren und die Finger. So wird auch der eigene Körper wahrgenommen, doch manchmal negativ.

Die vier Elemente eines ablehnenden Körperbildes sind:

I.   Die Perzeption[1] des Körpers geht meist mit einer Überschätzung der eigenen Körperformen einher.

II. Wenn alle Gedanken nur auf den Körper bezogen werden, wenn dieser als Fett oder hässlich beurteilt wird.

III. Gefühle stehen in einem starken Zusammenhang mit dem eigenen Körper, z.B.: Ekel oder Schamgefühle.

IV. Ein Verhalten das aus dem negativen Körperbild hervorgeht und bspw. zur Vermeidung verschiedener Situationen führt (vgl. Legenbauer; Vocks 2005, S. 20).

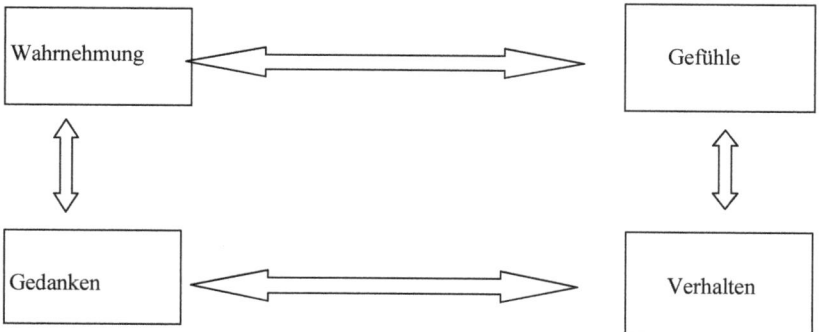

Abbildung 1: Komponenten des Körperbildes und ihre Wechselwirkung (ebd. 2005, S. 18)

---

1   Perzeption = Wahrnehmung

Komponenten	Was passiert	Beispiel
Wahrnehmung	Überschätzung der eigenen Körperdimension	Wahrnehmung des eigenen Körperbildes als zu dick (gesamt oder bezogen auf einzelne Körperteile).
Gedanken	Negative Gedanken bezüglich des eigenen Körpers	„Ich bin schrecklich fett und hässlich."
Gefühle	Negative Gefühle bezüglich des eigenen Körpers	Sich aufgebläht oder unwohl fühlen, sich schämen, sich vor dem eigenen Körper ekeln
Verhalten	Verhaltensweisen, die im Zusammenhang mit negativen Gedanken und Gefühlen und der gestörten Wahrnehmung des Körpers stehen	Nicht ins Schwimmbad gehen oder vermeiden, in den Spiegel zu sehen

Abbildung 2: Erklärung der Wechselwirkungen (ebd. 2005, S. 20)

1.1 Wie nehmen wir unseren eigenen Körper wahr?

Die Körperwahrnehmung beschreibt wie der Mensch die anatomische Beschaffenheit seines Körpers einschätzt. Die Wahrnehmung des Körpers geschieht durch Signale, die über die Augen zum Gehirn transportiert und dort umgesetzt werden in ein Bild. Verschiedene Sensoren beeinflussen das Bild, z. B. der Tatsinn, der Hörsinn oder die Bewegungsrezeptoren. Es ist ein subjektives Bild und es muss mit den objektiven messbaren Körpermaßen nicht übereinstimmen. Beeinflusst werden kann es durch verschiedene Faktoren, wie schwere Essstörungen oder die emotionale Befindlichkeit (vgl. ebd. 2005, S. 20).

Im alltäglichen Geschehen nehmen die Menschen sich als Körper wahr. Wir erfahren uns und unsere Umwelt mit den Sinnen des Körpers aber spüren uns auch leiblich. Wir sehen die Kleidung unserer Mitmenschen, spüren unseren Hunger und riechen die unterschiedlichen Düfte der anderen. Wir tasten nach dem Handy in unserer Tasche und schmecken das Eis welches wir naschen, schwitzen in der Hitze und erfreuen uns an einem schönen Ereignis.

Wir sind faktisch keine transparenten Gespenster, begriffliche EinwohnerInnen oder unbelebte Arbeitnehmer, wie die Sozialwissenschaftler lange Zeit angenommen haben, manche es sogar noch tun. Wir sind vielmehr überall und immer Menschen aus Fleisch und Blut. Und dennoch handeln wir mit unseren Körpern zum Teil so wie wir es mit andern Dingen tun. In diesem Sinne manipulieren und hantieren wir mit diesem Körper, indem wir ihn kleiden, schmücken ihn formen und beschneiden. All dies weil es in unserer Natur liegt, sozial zu sein. Der Mensch ist also nicht seiner körperlichen Ausdehnung, wie andere Lebewesen, ausgeliefert. Zumindest in einem weit geringem Maße. Das spielt gerade auf allen Ebenen unserer Sozialität eine besondere und wichtige Rolle. In einer Gemeinschaft zu leben bedeutet immer und unvermeidlich, soziale Erfahrungen zu machen, heißt verstaatlicht zu sein. Der Körper und der Geist sind Teil von Vergesellschaftungsprozessen. Die Unterscheidung von Körper und Leib hat sich deshalb angepasst, um den Körper nicht zu identifizieren mit den, auf diesen einwirkenden Einflüssen von Politik und Kultur (vgl. Villa 2007, S. 18). Zu beachten ist „(...) Körper und Leib sind unterschieden, doch gleichzeitig und gleichursprünglich (...)"(ebd. 2007, S. 18).

Unser Körper ist kein Gegenstand wie ein Schuh oder ein Stuhl. Was im Alltag verharmlost Körper genannt wird, gehört doch eine leibliche Dimension. So haben wir also einen Körper den wir nach belieben formen und beeinflussen können, aber zugleich auch einen Leib über den wir nicht herrschen können (vgl. ebd. 2007, S. 19). „(...) Der Leib ist dabei das individuelle, radikal subjektive Fühlen, das sich anderen Menschen als solches nicht mitteilen kann (...)" (ebd. 2007, S. 19). Überspannung und Gefühle kann nur jeder für sich spüren, nur durch die Sprache können wir uns anderen Menschen dann mitteilen.

Sagen was wir fühlen, aber der Mitmensch empfindet nicht das gleiche Gefühl welches wir eben empfunden haben. Leib und Körper, Körper und Leib sind dem gleichen Ursprung und praktisch miteinander verbunden. Sicher kann man sie rational unterscheiden, doch im Alltag sind wir beides zur gleichen Zeit (vgl. ebd. 2007, S. 20): (...) „ein Körperleib (...)". (ebd. 2007, S. 20).

2.1   Der Körper als Darstellungsmaterial

In den letzten Jahren entwickelte sich zusehend eine Leibvergessenheit und Körperbessenheit, die den Körper doch wie einen Gegenstand, ein Stück Ware behandelt. Dabei denkt man schnell an die Schönheitschirurgie und den immer mehr in „Mode" kommenden Fernsehformaten, in denen Körpermanipulationen und andere Tunings beschönigt und zugleich aufgebauscht werden. Im Auftrag der Fitness werden Tattoos, Haarverlängerungen, Wellnessprodukte und Nahrungsergänzungsmittel propagiert. Hierbei wird der menschliche Körper mehr und mehr als zu optimierende Materie angesehen, nicht aber als individueller Leib, der immer Spuren eines eigenen Lebenslaufs trägt und somit auch Nuancen des Alterns und der Erfahrungen. Die Grenze zwischen medizinisch erforderlicher, wiederherstellender Chirurgie und der Schönheitsoperation ist keine im natürlichen Sinne gegebene Grenze und auch keine, die der Körper von sich aus vorgibt. Fragwürdig sind dabei auch die Effekte der vielen Wellness- und Fitnessprogramme, die von manchen Krankenkassen finanziert werden (vgl. ebd. 2007, S. 20, Herv. i. Orig.).

Unsere Teilhabe an verschiedenen (Sub-)Kulturen ist ausschlaggebend von der Darstellung des Körpers und seinen kulturellen Gestaltung getragen. Wenn man sich zum Beispiel in der HipHop Szene bewegt reicht es oft nicht aus die Musik zu hören. Der Körper muss gemäß in der Szene herrschenden Codes verändert werden. Durch Kleidung, Bewegung, Gesten und derartigen wird der Körper und damit auch die Person als Gleichgesinnte der Szene deutlich. In der Regel gilt dies für die Aktivität an sämtlichen Organisationen, Institutionen oder Gruppen. Meist sind fast immer, sehr eigentümliche Körperpraxen und Modellierungen des Körpers erforderlich, um Teilnehmer einer Gruppe zu sein.

Eklatante Beispiele sind:

- Köche
- Flugbegleiter
- medizinisches Personal.

Die Kleidung ist hier der wesentliche Bestandteil der kulturellen Konzeption eines „Berufskörpers". In den Effekten geht es weit über reine Äußerlichkeiten hinaus. Die Frauen wissen im Prinzip am besten über die Wirkung von Frisur, Kleidung, Stimmlage, Maniküre usw. Bescheid. Da sie sehr oft Gefahr laufen nur als Repräsentantin ihres Geschlechts bemerkt zu werden, nicht aber als z. B. Wissenschaftlerinnen. Die männlichen Wissenschaftler wissen auch um diese Codes, handeln aber meist mit einer größeren Sicherheit, sprich weniger bewusst als Frauen. Die wesentliche Möglichkeit, unseren Körper zu arrangieren ist in uns selbst, also in unserer sozialen Natur angelegt. Dies aber zu tun, hängt von den Rahmenbedingungen ab in denen wir leben. Um unserer Zugehörigkeiten darzustellen, in einer breiten Vielfalt an Opportunitäten[2] und Ressourcen, ist ohne eine geschichtliche, eine Analyse der Ungleichmäßigkeit und die Perspektive daraus, nicht zu verstehen. Als die religiösen und traditionellen Welt- und Selbstbilder überwunden wurden, wurde die Darstellung des Körpers, des eigenen Lebens in allen Teilen zum Ideal. Doch in der Praxis ist die Selbstgestaltung sehr begrenzt und zwar durch finanzielle und andere Voraussetzungen. Sein Leben und seinen Körper in die eigenen Hände zu nehmen, setzt voraus Zeit, Geld, Macht und Bildung zu besitzen und zu investieren. Hier zeigt sich der Status eines Menschen sehr anschaulich. Die Personen brauchen Zeit um gewisse Bewegungen in Gruppen sei es tänzerisch oder sportiv, zu erlernen. Sie brauchen Geld um monatliche oder jährliche Beiträge zu zahlen, z.B. in Fitness Studios. Und um sich richtig zu entscheiden bedarf es einer gewissen Bildung um sich bestmöglichst informieren zu können (vgl. ebd. 2007, S. 21 f).

Der neuzeitliche Körper ist mehr und mehr zu einem Werkzeug geworden und zu einem (vgl. ebd. 2007, S.23) „(...) Material von Selbstgestaltungspraxen (...)" (ebd. 2007, S. 23).

---

2 Opportunitäten = Möglichkeiten

Verloren geht da der Blick auf den leiblichen Bereich, denn der Körper scheint fast nur noch disponibel[3] zu sein. Hierbei kann diese Entwicklung problematisch werden, die die Diskussionen zeigen um vorgeburtliche Diagnostik und Reproduktionstechnologien. Denn wie sehr kann und darf der Körper als Rohmaterial benutzt werden. Doch der Leib ist nicht, wie der Körper, als Hülle und Wissensbestand wahllos lenkbar und konstruierbar (vgl. ebd. 2007, S. 23 f).

2.2 Prägung des Leibes

Empfindungen des Leibes und Körperwissen sind keinesfalls gleichbleibend, im Gegenteil. Das vor- oder halbbewusste (Körper) Wissen auch präreflexiv genannt, wird immer angewendet und verändert, neu geschaffen und zur Verfügung gestellt. Das geschieht allerdings sozusagen heimlich nicht ausdrücklich (vgl. ebd. 2007, S. 24, Herv. d. C. R.).

Was wir selten bemerken ist, dass wir sehr häufig unseren Kleidungs- und Farbstil ändern, den Geschmack in Sachen Essen und Trinken, unser Form des Körpers durch Sport oder Diät und sogar unser Schmerzempfinden. Wir glauben das diese Veränderungen völlig einzigartig und unabhängig sind. Doch vielmehr sind sie Ergebnis sozialer, gemeinschaftlicher Aneignungs- und Lernprozesse. Niemand hört gern das sein Faible für eine bestimmte Modemarke oder das Vorurteil gegen ein bestimmtes Gericht nicht ganz individuell sei, sondern mehr (vgl. ebd. 2007, S. 24) „(...) Ausdruck eines milieuspezifischen Habitus (...)" (ebd. 2007, S. 24).

In der sozialwissenschaftlichen Forschung wurde eine Hauptaussage getroffen, dass man Menschen ansieht und auch hört, anhand einiger körpergebundener Zeichen wie Mimik, Gestik, Kleidung, das Führen der Stimme, bestimmte Vorlieben, welchen Platz sie im sozialen Gefüge innehaben (vgl. ebd. 2007, S. 24).

---

3   disponibel =verfügbar

3.   „Ich mach mich nicht für andere schön sondern nur für mich."

Folgende Aussagen hört man recht häufig: „Ich finde es ganz wichtig mir selbst zu gefallen, ich mache mich daher nicht für andere schön, sondern nur für mich." Die Menschen machen sich schön und zwar für sich, so sollte es zumindest sein. Eine Umfrage in einer Frauenzeitschrift fand heraus dass im Jahr 2001, vierundneunzig Prozent der 28 000 Befragten Frauen sich selbst verschönern, da sie sich so wohler und selbstbewusster fühlten. Ob diese Aussage glaubhaft ist kann durchaus bezweifelt werden. Was die Befragten für eine sozial erwünschte Antwort halten, sagen diese Äußerungen vor allem aus. Keine Frau gibt nicht einfach so zu, sich für andere schön zu machen, dies wird absichtlich unterlassen.

Des Weiteren lässt sich aus diese Umfrage kaum heraus lesen oder ableiten, dass die Frauen ein gewachsenes Selbstwertgefühl haben und sich so von der Ansicht anderer autonom gemacht haben. Scheinbar wollen wir andere glauben lassen, über bestehende Schönheitsnormen überlegen zu sein. Als ob das alles nicht schon genug Heuchelei wäre, machen wir uns vor, dass der ganze Schönheitszauber auch noch Spaß macht. Doch ist es nicht eher das ganze Gegenteil? Eine Privatangelegenheit ist, Sichschönmachen schon lange nicht mehr, und auch längst keine reine Frauensache. Mittlerweile ist dieses Sichschönmachen harte Arbeit, ja schon erfolgsorientierte Arbeit (vgl. Degele 2007, S. 26 f).

Diese geht in sehr tief liegende Identitätsschichten hinein. Viel tiefer als irgendwelche Diskussionen über Frisur, Schminken, Kleidung, Rasieren, Piercing oder Operationen es ahnen lassen. Geht es nicht vielmehr bei dem Handeln mit der Schönheit um eine reine Inszenierung der eigenen Wirkung nach außen und dient sie nicht einfach nur als Vermittler der Kommunikation? Dabei sichern wir uns unser eigene Identität und werden beschenkt mit Beachtung und Aufmerksamkeit. Wir suchen uns so unseren Platz in der Gesellschaft und festigen ihn. Gelingt es dem Goth mit seinem blass geschminkten Gesicht, dem schwarzen langen Mantel, den tief schwarz geschminkten Augen auf der Straße Passanten zu empören, hat er vielleicht sein Ziel erreicht. Er weiß wohin er gehört und wovon er sich abzugrenzen versucht.

Dieses Schönheitshandeln ist ein sozialer Prozess, in dem die Menschen probieren Achtungseffekte zu erreichen. Im Vordergrund stehen dabei Individualität, Selbstbestimmung und Glaubwürdigkeit (vgl. ebd. 2007, S. 27).

3.1 Schönheitshandeln

Es gibt kein privates Schönheitshandeln, wer dies behauptet liegt falsch. Vielmehr ist es gesellschaftliche Anerkennung, die manchmal zu einem fast schon brutalen Schönheitskult zwingt, wo sich Beteiligte in ein enges Mieder schnüren aus schlank sein, jung wirken, attraktiv scheinen, sportlich aussehen, gesund tun und leistungsfähig sein. Meist sehen Teilnehmer dieser Schönheitsfarce die Ideale in den Medien und tun es ihnen gleich, stylen ihren Körper, formen ihn und zu guter Letzt wird der Körper kontrolliert. Doch meist gelingt das Projekt Körpermodellierung nach den Maßstäben der Mediengesellschaft nicht. Die Menschen wollen „ihre" Schönheit nach außen versenden, weil der entscheidende Teil des Eindrucks, Schönheit ist. Die Unterstellung das es doch wieder nur die Frauen seien, die sich dem Schönheitsideal der Männer unterordnen und sich hübsch machen, ist selbstverständlich nicht richtig. Geschichtlich gesehen war im klassischen Griechenland der Männerkörper attraktiver, daher auch die Bezeichnung „adonisch" für schön. Es ist eine zeitgemäße Zuschreibung, die Schönheit als Angelegenheit der Frauen zu beurteilen (vgl. ebd. 2007, S. 28, Herv. i. Orig.).

Pluralistisch ist das heutige Erscheinungsbild geworden. Den Körper zu manipulieren ist schon fast ein Akt der Freiheit, nämlich auszuprobieren, was möglich ist. Deutlich sichtbar ist, das die Schönheits- und Wellnesswelle jetzt auch die Männer erfasst hat. Dabei sind nicht nur hirnlose Muskelmassen gemeint, auch die wohlgeformten und durchtrainierten Körper ohne überflüssiges Fett. Auf Erfolg versiertes Schönheitshandeln erfordert aber auch eine gewisse Kompetenz, ist also nicht nur Arbeit. Man muss ein bestimmtes Vermögen, Fähigkeiten und Anforderungen besitzen und erfüllen um selbst gewählte Ziele erreichen zu können.

Dies ist gänzlich zur Grundlage geworden, in der Gesellschaft überlebensfähig zu bleiben (vgl. ebd. 2007, S. 28ff). „(...) Schönheitshandeln ist ein 'Sprache', die in den Spannungsfeldern von Distanz und Nähe, Sachlichkeit und Erotik, Professionalität und Freizeit in unterschiedlichen Dialekten gesprochen wir (...)" (ebd. 2007, S. 31, Herv. i. Orig.).

Nachfolgend sollen drei Komponenten näher betrachtet werden, Körper und Kleidung, Jung bleiben und natürlich erscheinen.

Das Schönheitshandeln umfasst nicht nur die Manipulation am Körper, sondern auch die Inszenierung durch die Kleidung. Wird der Körper aufgewertet, wobei körperliche Arbeit gleichzeitig abgewertet wird, geht hierbei die Bedeutung der Kleidung verloren. Reicht es nicht mehr aus sich zu (ver)kleiden, muss der Körper dienlich gemacht werden. In der großen Modebranche ist das schon Realität, nicht nur die Kleidung auch der Körper muss stimmen. Letzterer wird tätowiert, gepierct, geliftet, gestählt usw. das Leistungsdenken betrifft den Körper in einem weitaus stärken Masse als es die Kleidung je tat, denn diese kann ja immer ausgewechselt werden.

Doch der Körper braucht Zeit um sich zu verändern und manche Umwandlungen lassen sich schlecht oder gar nicht rückgängig machen. Das sieht man an den Modells oder Bodybuilder, hier sind ganz andere Mechanismen von Ausdauer und Disziplin notwendig. Anstatt in eine angesagte Boutique zu gehen müssen Trainings absolviert werden oder stehen ganz spezielle Diätmaßnahmen auf den Plan. Sehr tief unter die Haut geht das Schönheitshandeln dabei und erfordert mehr Kompetenzen im Sinne von langwieriger Planung und hoher Disziplin.

Frauen sind noch immer, im Gegensatz zu den Männern, im stärkerem Maße jung zu bleiben ausgesetzt. Als größter Feind der Schönheit gilt das Alter, welches hierbei mit allem Mitteln bekämpft werden muss. Für weibliche Schönheit gelten noch immer folgende Standards, jung, schlank und sexy. Und dennoch unterliegen nicht nur die Frauen einem solchen Jugendlichkeitskult (vgl. ebd. 2007, S. 31, Herv. i. Orig.).

Zu einem Weiteren Schönheitsideal ist die Natürlichkeit geworden. Die alte Forderung der Feministen nach jener wurde damit auf ganz subtile Weise instrumentalisiert. Es ist schon fast eine unsichtbare Leistung natürlich auszusehen. Denn auf natürlich geschminkt zu sein ist etwas anderes als ungeschminkt, denn das etwas fehlt sieht man bei letzteren. Auch bei der Frisur wird die erzwungene Natürlichkeit sichtbar, die Kunden kommen verstrubbelt heraus im Anschein absichtsloser Natürlichkeit.

Zusammenfassend ist Schönheitshandeln genauso Arbeit in instrumenteller Beziehung, wie auch die Orientierung an gesellschaftlicher Anerkennung. Zu einem guten Teil ist Schönheitshandeln Ideologie (vgl. ebd. 2007, S. 32).

4 Preis der Schönheit oder Schönheitswahn

Nicht nur das Streben nach Schönheitsidealen die unerreichbar sind, auch die erfolgreiche Gabe hervorragenden Aussehens hat schädliche Effekte. Schöne Frauen haben oft mit dem Vorurteil zu kämpfen kalt und unnahbar zu sein. Das ihre Einstellung statusorientiert und materialistisch ist und das sie eine mangelnde Sympathie für weniger Bevorzugte, das heißt sozial Schwächere besitzen.

Dagegen schneiden Frauen mit Übergewicht, in Bezug auf Liebenswürdigkeit, Gewissenhaftigkeit, emotionale Stabilität und Familie eindeutig besser ab. Fast könnte man meinen dass die Verhältnisse von Beziehungen und Begehrtsein widersprüchlich sind. Es bedeutet Stress mit einem sehr attraktiven Partner zusammen zu sein, tendenziell werden in langfristigen Beziehungen ausgesprochene Schönheit vermieden. Somit kann man vermuten das ein durchschnittliches bzw. nur geringfügig über dem Durchschnitt liegendes Aussehen von Vorteil ist (vgl. Menninghaus 2007, S. 37).

Die moderne (...) „Forschung hat unter dem Sammelbegriff Körperbildstörungen Erkrankungen diagnostiziert, die auf einer systematischen Unterschätzung des eigenen Aussehens in Relation zu imaginären Wunschbildern des schlanken oder muskulösen Körpers

beruhen" (...) (ebd. 2007, S. 38).

Meistens sind diese Individuen schon sehr schlank oder besonders muskulös. Doch sie finden hier und da an ihrem Körper noch immer einen Mangel. Für sie ist die relative Nähe zur Perfektion der Untergang. Die fast schon besessene Arbeit am Körper neigt dazu, sich in sich selbst zu verlieren. Eine selbstzerstörerische Falle wird dann der Spiegelzwang und eine überkritische Selbstbeobachtung. Das eigentliche Ziel des Erfolgs und/oder besseren Sozialprestige wird immer weiter von sich geschoben und kann letztendlich an den Zwängen aufgerieben werden (vgl. ebd. 2007, S. 38). „(...) Persönliche Eroberungen und berufliche Erfolge werden latent nur dem Aussehen zugeschrieben, so dass das Konto des Ichs immer gleich arm und gleich leer bleibt (...)"(ebd. 2007, S. 38).

Die Modifizierung des eigenen Körpers in ein Objekt aufwendiger und immerzu kontrollierter Gestaltung, wird in der heutigen Gesellschaft der übergroßen Körperideale leicht zu einer stetig wachsenden Quelle von Unzufriedenheit. Jeder positive Effekt der Schönheitsarbeit wird schnell durch die Kehrseite der verbesserten Begutachtung hinfällig, nämlich durch die negative Einsicht dessen, woran es   noch immer fehlt. Dazu kommt eine erhöhte Determiniertheit[4] vom Kontrollblick hin zum Spiegel und damit die anhaltende Sorge, ob und wie das zu erreichende Bild auch hier und heute umgesetzt werden kann (vgl. ebd. 2007, S. 38).

4.1   Essstörungen

„(...) Essstörungen sind Erkrankungen, bei denen es aufgrund von 'krank machenden' seelischen Belastungen zu körperlichen Schäden kommt (...)" (BZGA 2008). Hierbei spricht man von sogenannten psychosomatischen Störungen. Dabei wird der Versuch dargestellt, die Aufnahme der Nahrung und den Körper zu manipulieren. Das vordergründige Ziel der Betroffenen ist die Gewichtsabnahme und -kontrolle. Die Patienten versuchen unbewusst, innere Konflikte, Stress und hoffnungslos wirkende Schwierigkeiten zu bewältigen.

---

4   Determiniertheit = Abhängigkeit

Der Begriff „Esssucht" stellt offenbar eine begriffliche Nähe zu anderen Süchten her, doch sind Essstörungen keine „stoffgebundenen Süchte" wie Alkoholsucht oder Drogensucht (vgl. ebd. 2008, Herv. i. Orig.). Doch können bei Essgestörten Verhaltensweisen auftreten die einen suchtartigen Charakter haben. Soziale Isoliertheit, Verlust der eigenen Kontrolle und Wiederholungszwang verbinden die Krankheitsbilder und bestimmen sehr oft den gesamten Alltag der Betroffenen.

Essstörungen können Lösungsversuche sein für Flucht, Ausweg, Ersatz oder tiefer liegende seelische Probleme. Genauso auch Ablehnung oder stummer Protest. Sie stehen für Verweigerung, Resignation oder Anpassung. Über Essen oder das Gefühl des Hungerns kann eine kurzzeitige Befriedung geschaffen werden. Diese führt zu einer schnellen Erleichterung und die Betroffenen fühlen sich sicherer und selbständiger. Da es wie erwähnt nur eine kurzzeitige Befriedigung ist, bekommt die Essstörungen eine Eigendynamik und gerät schnell außer Kontrolle.

Lange Zeit galt die Essstörung als reine weibliche Erkrankung, da angenommen wurde das nur Mädchen und Frauen betroffen sind. In der modernen Gesellschaft von heute erkranken aber zunehmend mehr Jungen und Männer. Doch in der Häufigkeit sind es immer noch Mädchen und Frauen die an einer Essstörung erkranken. Über die gesamte Altersspanne treten Essstörungen auf, meist in der Zeit der Pubertät. Hier ist die Gefahr größer, dass sich eine Störung des Essverhaltens entwickeln kann.

Im Alter zwischen 14 und 18 Jahren tritt vor allem Magersucht auf. Doch auch vor dem 10. und nach dem 25. Lebensjahr können Ersterkrankungen auftreten. An Bulimie erkranken Patienten meist im Alter vom 18. und 35. Lebensjahr. Dazwischen häuft sich die Erkrankung an Binge Eating.[5] Nachfolgend soll auf die Essstörung der Bulimie eingegangen werden (vgl. ebd. 2008).

---

5   Binge Eating = „(...) ist eine Essstörung, bei der es zu periodischen Heißhungeranfällen (Fressanfälle) mit Verlust der bewussten Kontrolle über das Essverhalten kommt. Im Gegensatz zur Bulimie wird das Gegessene anschließend nicht erbrochen (...)" (Wikimedia Foundation Inc.).

4.2 Bulimie

Bei der bulimischen Essstörung kann man nicht nur von einer Ursache sprechen, es gibt vielfältige Zusammenhänge die zur Bulimie führen können. In einem gemeinsamen Prozess münden schließlich die verschiedenen Faktoren. Die Bulimie ist ein einziger Teufelskreis, denn die körperlichen und seelischen Veränderungen sorgen dafür, dass die Angst vor dem Dicksein immer größer wird und somit wird das Essen mehr und mehr eingeschränkt. Schließlich kommt es zu Fressattacken und ein Handeln dagegen in Form von Erbrechen. Im Körper entstehen Veränderungen, durch das restriktive Essen, die den Stoffwechsel betreffen und auch das Hunger-Sattheits-Gefühl mindern. Da der Stoffwechsel Veränderungen aufweist, verbrennt der Körper weniger Energie, speichert dafür aber mehr. Doch der Organismus giert nach Nahrung, die Patienten spüren dies durch die Essanfälle wenn sie mit vielen Lebensmitteln konfrontiert werden. Doch wenn die psychische Kontrolle in einer Situation mit übermäßig viel Essen nicht funktioniert, fehlt die natürliche Kontrolle in Form des Hunger-Sattheits-Gefühl. Somit kommt es unvermeidlich zu Fressattacken (vgl. Christoph-Dornier-Klinik 2008).

Bulimie kann manchmal Folge eines Traumas (Missbrauch, Verluste) sein oder im Zusammenhang mit großen Veränderungen im Umfeld entstehen. Die Betroffenen versuchen dann durch die Kontrolle über ihren Körper und damit das Essverhalten, diese seelischen Belastungen in den Griff zu bekommen (vgl. ebd. 2008, Herv.d. C. R.). „(...) Für die Bulimie scheint es nämlich typisch zu sein, dass vor allem psychische Irritationen, z. B. Stimmungsschwankungen, depressive Störungen, innere Unruhe, Anspannungen und Druckgefühle, zu Auslösern für bulimisches Verhalten werden, weil die Irritationen sowohl durch Essanfälle wie auch durch Erbrechen kurzfristig ausgeglichen werden können (...)" (ebd. 2008).

Folgen sind meist eine massive Angst dick zu werden und auf der anderen Seite die Einschränkung des Essverhaltens. Der Teufelskreis schließt sich, wenn die Mängel des Körpers immer stärker werden und es erneut zu Heißhunger- und Fressanfällen kommt.

Die Betroffenen setzen an diesem Punkt häufig andere Mittel zusätzlich ein, wie Abführmittel, um ihre Angst zu verdrängen. Dabei wird die Angst paradoxerweise weniger, wenn die Erkenntnis eintritt, dass man nach solchen Essanfällen nur erbrechen muss.

Weiterhin kommen Belohnungseffekte dazu, durch genanntes Verhalten wird innerer Druck gelöst, die Patienten fühlen sich ruhiger und werden von depressiver Stimmung und Belastungen aus dem Alltag und dem Umfeld abgelenkt. Die eigentlichen Entstehungsbedingungen treten mit der Zeit in den Hintergrund. Eine Eigendynamik entwickelt die Bulimie, da sich die Essstörung durch ihre seelischen und körperlichen Folgen selbst aufrecht erhält. Allein durch Vernunft oder Willensstärke kann dieser Teufelskreis nur schwer durchbrochen werden (vgl ebd. 2008).

Nachfolgend eine Grafik die den Teufelskreis der Bulimie deutlich machen soll.

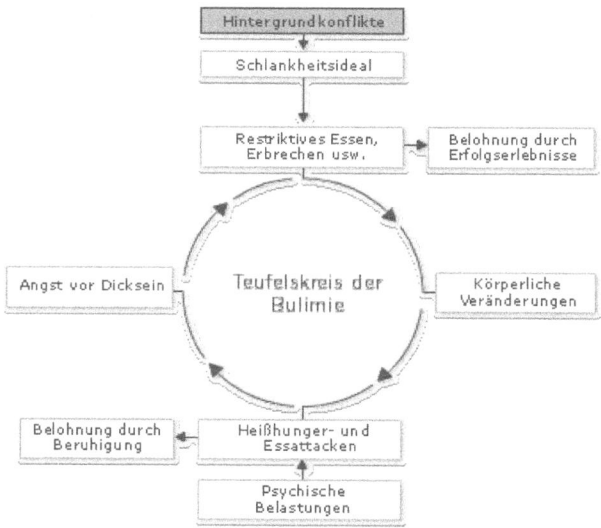

Abbildung 3: Der Teufelskreis der Bulimie (Christoph-Dornier-Klinik, 2008)

5 Der Adonis Komplex

Für Männer ist die Kritik an ihrem Aussehen neu, sie sind es nicht gewöhnt. Einige Experten glauben, dass bestimmte Fitness Magazine die gestählte Körper und mit Muskeln bepackte Modells zeigen einen ähnlichen Effekt auf das Selbstwertgefühl von Männern hat, wie es auch bei den Magazinen der Frauen sich dargestellt hat. Steve Bloomflied von der Eating Disorder Association kurz EDA sagt, dass mittlerweile in Großbritannien schon zehn Prozent der Männer an Bulimie und Anorexie leiden. Ihre Zahl sei sogar noch am steigen. Sucht man nach den Ursachen sind sie bei beiden Geschlechtern gleich. Depressionen, persönliche Krisen und manchmal sozialer Druck seitens der Medien. Somit steigen auch die Essstörungen bei Männern wenn diese Sorge um ihr Aussehen haben. Bloomfield erklärt weiterhin das Männer im Gegensatz zu Frauen nicht Hungern oder Erbrechen, sie fühlen sich zu schmächtig und arbeiten hart in Fitness Studios oder in Parks um einen idealen Muskelaufbau zu erreichen. Dabei können diese Männer einen Waschbrettbauch vorzeigen sind aber dennoch magersüchtig. Viele Männer sehen Muskeln gleich mit Männlichkeit (vgl. Batty 2001, S. 1).

Der Drang einen perfekten Körper mit perfekten Muskeln zu haben, kann dazu führen, dass die betroffenen Männer persönliche Beziehungen oder die berufliche Karriere in den Hintergrund stellen. Männer die an einer Körperbildstörung leiden, wollen an ihrem Körper Dinge verändern, die manche nicht einmal sehen, da sie keine Vorstellung darüber haben wie ihr wirkliches Bild ist. Um sich ihrem Idealbild anzunähern, schrecken manche Männer auch nicht davor zurück, anabole Hormone zu benutzen sowie muskelaufbauende Ernährung und Suppelemente einzunehmen. Die gegenwärtige Gesellschaft hat auch beim Mann die Aufmerksamkeit geweckt, Zeit, Geld und Mühe in sein äußeres Erscheinungsbild zu investieren (vgl. berater 2007).

Im Prozess des Körperstylings wird die Grenze zwischen Körperbewusstsein und Muskelwahn häufig überschritten. Diese Körpermodellierung und Manipulation wird einziger Lebensinhalt und die Besorgnis um das eigene Aussehen und die Figur wird maßlos übersteigert. Ein von Muskeln strotzender Körper versichert gesellschaftliche Wertschätzung, vermittelt Respekt und Bewunderung in der Clique und die Männer fühlen sich stark und unverletzbar (vgl. Arbeitskreis Jugend, Drogen und Suchtprävention 2007).

6   Ein etwas anderer Schluss

Ich hätte dieser Seminararbeit gern noch etwas positives beigesteuert, doch sehe ich persönlich der Zukunft kritisch entgegen. Der Trend scheint eindeutig, und wann die Zeit gekommen ist diese „erdachten" Ideale zu ändern bleibt ungewiss. Hier und Da gibt es sie, diese kleinen Ansatzpunkte in Form von Markenprodukten, die bei ihrer Werbung tatsächlich auf normal wenn nicht sogar ansatzweise mollige Modells setzen. Das ist im Grunde nur ein heißer Tropfen auf die so vielen ausgemergelten Körper, die es nicht mehr schaffen sich als Individuum zu betrachten, die in der Masse des Schönheitswahn nur wieder zu einem neuen Projekt werden. Diese knochigen, unmenschlichen Gegenstände schaffen es nicht mehr ihr inneres Bild wahrzunehmen, es zu verstehen und zwar so wie es ist. In den Massenmedien wird jeden Tag den Maschinen im Lande eingepflanzt was, wie auszusehen hat. Formate wie „German Next Top Model" oder auch Promis vermitteln DÜNN sein ist PARADISISCH. Sieht man genauer hin, nein will man genauer hinsehen, zeigt sich nur wie diese Gesellschaft an Toleranz, Nächstenliebe und Menschlichkeit verliert. Wir steuern auf ein Leben zu, welches sich möglicherweise leicht an fühlt, metaphorisch gesprochen, aber letztlich wird es grau, hungrig und freudlos. Ja, vielleicht male ich gerade den Teufel an die Wand, aber der Teufel steckt in uns, wir müssen ihn nur zu bändigen wissen. Jeder sollte sich wohl fühlen in seiner Haut, egal ob er oder sie ein paar Pfunde zuviel, etwas zu klein geraten, unsymetrisch oder gar zu dünn ist. Niemand darf sich seiner Individualität berauben, nur um anerkannt zu sein

in irgendwelchen Cliquen, Gruppierungen oder ähnlichem.

Sicher, sich gehen lassen und seine Gesundheit auf's Spiel setzen ist auch nicht der richtige Weg. Aber ein gesundes Mittelmaß sei jedem vergönnt. Es liegt an uns selbst die Trends zu verändern, sich dem bestimmenden Idealen entgegenzustellen, sicher nur wenige sind es bisher aber auch eine kleine Menge kann großes erreichen. Sollten wir nicht endlich unsern Verstand nutzen, um uns nicht dem bunt lärmenden Kosumtempel zu unterwerfen?

Zum Schluss noch ein Zitat aus einem Roman „Körperkult" von Kit Reed, den ich auf der Suche nach Material für diese Arbeit fand.

(...) „haltet euch um Gottes Willen nicht für etwas Bessers, wie ihr da eure flachen Bäuche tätschelt und mich verächtlich anseht, weil Jeremy Devlin, euer Börsenmakler, nicht in das amerikanische Muster passt, so als wäre es etwas Böses, das ich getan hätte, und nicht ganz einfach das was ich bin (...)". (...) „Ihr wollt das was ich habe. Beziehungsweise das was ich früher einmal hatte. Ihr wollt die Freiheit, ohne Reue zu essen (...)" (Reed 2005, S. 137).

7   Literaturverzeichnis

Bücher

- Cuntz, Ullrich; Hillert, Andreas (1998): Eßstörungen. Ursachen, Symptome, Therapien.C.H. Beck´sche Verlagsbuchhandlung: München.

- Reed, Kit (2004): Körperkult. Wilhelm Heyne Verlag: München.

Internetseiten

- Arbeitskreis Jugend. Drogen und Suchtprävention (2007): Muskeln mit allen Mitteln – Substanzmissbrauch im Jugendsport. Drogenreferat der Stadt Frankfurt/Main.

- Batty (2001): Der Adonis Komplex.
  http://www.netdoktor.at/health_center/mann/adoniskomplex.shtml

- Belwe, Katharina (2007): Editorial. In: Bundeszentrale für politische Bildung.
  Aus Politik und Zeitgeschichte. Körperkult und Schönheitswahn, S.2.
  http://www.bpb.de/publikationen/7UXAVC,0,K%F6rperkult_und_   - ‖ -
  Sch%F6nheitswahn.html verfügbar am 26.08.2008.

- Berater (2007): Der Adonis Komplex.
  http://www.essprobleme.com/forum/selbstvertrauen-gefallsucht/102-vom   - ‖ -
  adonis-komplex-und-anderen-Körperbildstörungen.html

- Bundeszentrale für gesundheitliche Aufklärung (2008): Essstörugen.
  http://www.bzga-essstoerungen.de/allgemeine-infos/wenn-dann/essstoerungen.html
  http://www.bzga-essstoerungen.de/allgemeine-infos/wenn-dann/was_sind.html

19

http://www.bzga-esstoerungen.de/allgemeine-infos/wenn-dann/wer_ist_betroffen.html

- Christoph-Dornier-Klinik (2008): Der Teufelskreis der Bulimie. http://www.c-d-k.de/psychotherapie-klinik/Stoerungen/bulimie_ursachen.html

- Degele, Nina (2007): Schönheit – Erfolg – Macht. In: Bundeszentrale für politische Bildung. Aus Politik und Zeitgeschichte. Körperkult und Schönheitswahn, S. 26-32. http://www.bpb.de/publikationen/7UXAVC,0,K%F6rperkult_und_   -||- Sch%F6nheitswahn.html verfügbar am 26.08.2008.

- Gugutzer, Robert (2007): Körperkult und Schönheitswahn – Wider dem Zeitgeist. In: Bundeszentrale für politische Bildung. Aus Politik und Zeitgeschichte. Körperkult und Schönheitswahn, S. 3-6. http://www.bpb.de/publikationen/7UXAVC,0,   -||- K%F6rperkult _und_Sch%F6nheitswahn.html verfügbar am 26.08.2008.

- Menninghaus, Winfried (2007): Der Preis der Schönheit: Nutzen und Lasten ihrer Verehrung. In: Bundeszentrale für politische Bildung. Aus Politik und Zeitgeschichte. Körperkult   und   Schönheitswahn.   S.   33-38. http://www.bpb.de/publikationen/7UXAVC,0,K%F6rperkult_und_   -||- Sch%F6nheitswahn.html verfügbar am 26.08.2008.

- Villa, Paula-Irene (2007): Der Körper als kulturelle Inszenierung und Statussymbol. In: Bundeszentrale für politische Bildung. Aus Politik und Zeitgeschichte. Körperkult und Schönheitswahn. S: 18-26. http://www.bpp.de/Publikationen/7UXAVC,0,K %F6rperkult_und_   -||- Sch%F6nheitswahn.html verfügbar a,m 26.08.2008.

Abbildungen

- Christoph-Dornier-Klinik (2008): Der Teufelskreis der Bulimie. Abbildung 3.

20

www.c-d-k.de/psychotherapie-klinik/Stoerungen/bulimie_ursachen.html

- Legenbauer; Vocks (2005): Wer schön sein will muss leiden? - Wege aus dem Schönheitswahn – ein Ratgeber. Abbildung 1, Komponenten des Körperbildes und ihre Wechselwirkung, S. 18.

- Legenbauer; Vocks (2005): Wer schön sein will muss leiden? - Wege aus dem Schönheitswahn – ein Ratgeber. Abbildungen 2, Erklärung der Wechselwirkung, S. 20

Schlusserklärung

Die vorliegende Arbeit wurde von mir selbständig und nur unter Verwendung der angegebenen Hilfsmittel angefertigt. Alle Stellen, die wörtlich oder sinngemäß aus veröffentlichten oder unveröffentlichten Schriften entnommen sind, habe ich als solche gekennzeichnet.

Chemnitz, den 30.09.2008

Unterschrift:....................................

       Christiane Ranft

Lightning Source UK Ltd.
Milton Keynes UK
UKHW012044050119
334991UK00001B/64/P